Impressum
Verlag: BABADADA GmbH, Nedderfeld 112 , 22529 Hamburg
Geschäftsführer / Verlagsleitung: Harald Hof
Druck: Books on Demand GmbH, In de Tarpen 42, 22848 Norderstedt

Imprint
Publisher: BABADADA GmbH, Nedderfeld 112 , 22529 Hamburg, Germany
Managing Director / Publishing direction: Harald Hof
Print: Books on Demand GmbH, In de Tarpen 42, 22848 Norderstedt

s Klassezimmer
classroom

dividiere
divide

186/2

d Taflä
board

dr Pauseplatz
school yard

dr Lehrer
teacher

s Papier
paper

schribe
write

dr Stift
pen

dr Schribtisch
desk

s Lineal
ruler

s Buech
book

d Schüeler
pupil

dr Thek

satchel

s Etui

pencil case

dr Bleistift

pencil

dr Spitzer

pencil sharpener

s Radiergummi

rubber

dr Zeicheblock

drawing pad

d Zeichnig

drawing

dr Pinsel

paintbrush

dr Malchaschte

paint box

d Schär

scissors

dr Liim

glue

s Üebigsheft

exercise book

d Huusufgabe

homework

d Zahl

number

addiere

add

subtrahiere

subtract

multipliziere

multiply

rächne

calculate

dr Buechstabe

letter

s Alphabet

alphabet

s Wort

word

dr Text

text

läse

read

d Kriide

chalk

d Lektion

lesson

s Klassäbuech

register

d Prüefig

examination

s Zügnis

certificate

d Schueluniform

school uniform

d Usbildig

education

d Enzyklopädie

encyclopedia

d Universität

university

s Mikroskop

microscope

d Charte

map

dr Papierchorb

waste-paper basket

d Schuel - school

s Hotel
hotel

d Härbärg
hostel

d Wächselstube
currency exchange office

dr Koffer
suitcase

s Auto
car

d Sprach

language

jo / nei

yes / no

okay

Okay

Hallo

hello

dr Dolmetscher

translator

Dankä

Thank you

Was chostet...?

how much is...?

Ich vrstahs nöd

I don´t get it

s Problem

problem

Guete Abig!

Good evening!

guete Morgä!

Good morning!

guete Abig!

Good night!

Uf Wiederseh

goodbye

d Richtig

direction

s Bagaasch

luggage

d Täsche

bag

dr Rucksack

backpack

dr Gast

guest

dr Ruum

room

dr Schlafsack

sleeping bag

s Zält

tent

d Touristeninformation

tourist information

dr Strand

beach

d Kreditkarte

credit card

s Zmorge

breakfast

s Zmittag

lunch

s Znacht

dinner

s Billet

Ticket

dr Ufzug

elevator

d Briefmarke

stamp

d Gränze

border

dr Zoll

customs

d Botschaft

embassy

s Visum

visa

dr Pass

passport

s Flugzüg
airplane

s Schiff
ship

s Füürwehr
fire truck

dr Bus
bus

dr Lastwage
truck

s Motorboot
motorboat

s Velo
bike

s Auto
car

d Fähri

ferry

s Boot

boat

s Töff

motorbike

s Polizeiauto

police car

s Rännauto

racing car

dr Mietwage

rental car

s Carsharing

car sharing

dr Abschleppwage

tow truck

dr Chübelwage

garbage truck

dr Motor

engine

s Benzin

fuel

d Tankstell

fuel station

s Verkehrsschild

traffic sign

dr Verchehr

traffic

dr Stau

traffic jam

dr Parkplatz

parking lot

dr Bahnhof

train station

d Schiene

tracks

dr Zug

train

d Strassebahn

tram

dr Wagon

wagon

dr Helikopter

helicopter

dr Flughafe

airport

dr Tower

tower

dr Passagier

passenger

dr Container

container

dr Karton

carton

dr Chare

cart

dr Korb

basket

starte / lande

take off / land

d Stadt

city

s Dorf

village

s Stadtzentrum

city center

s Huus

house

s Kino — movie theater

d Werbig — advert

d Latärne — street light

d Strass — street

s Taxi — taxi

dr Kiosk — snack shop

dr Fuessgänger — pedestrian

s Trottoir — sidewalk

dr Zebrastreife — zebra crossing

dr Chübel — dumpster

d Chrüzig — crossing

d Amplä — traffic lights

d Hütte
hut

d Wohnig
apartment

dr Bahnhof
train station

s Gmeindshuus
city hall

s Museum
museum

d Schuel
school

d Universität

university

d Bank

bank

s Spital

hospital

s Hotel

hotel

d Apotheke

pharmacy

s Büro

office

s Buechgschäft

book shop

s Gschäft

shop

dr Bluemelade

flower shop

dr Läbensmittellade

supermarket

dr Märt

market

s Chaufhuus

department store

dr Fischhändler

fishmonger's shop

s Iihkaufszentrum

mall

dr Hafe

harbor

d Stadt - city

dr Park

park

d Bank

bench

d Brugg

bridge

d Stäge

stairs

d U-Bahn

subway

dr Tunnell

tunnel

d Bushaltestell

bus stop

d Bar

bar

s Restaurant

restaurant

dr Briefchastä

postbox

s Strasseschild

street sign

d Parkuhr

parking meter

dr Zolli

zoo

d Badi

swimming pool

d Moschee

mosque

dr Buurehof

farm

d Umwältvrschmutzig

pollution

dr Fridhof

cemetery

d Chile

church

dr Spielplatz

playground

dr Tämpel

temple

d Landschaft
landscape

s Blatt
leaf

dr Wägwiiser
signpost

dr Wäg
path

d Wise
meadow

dr Stei
stone

dr Baum
tree

dr Wanderer
hiker

dr Fluss
river

s Gras
grass

d Bluamä
flower

s Tal

valley

dr Bärg

hill

dr See

lake

dr Wald

forest

d Wüeschti

desert

dr Vulkan

volcano

s Schloss

castle

dr Rägeboge

rainbow

dr Pilz

mushroom

d Palme

palm tree

dr Moskito

mosquito

d Fliege

fly

d Ameise

ant

s Biendli

bee

d Spinne

spider

dr Chäfer

beetle

dr Frosch

frog

s Eichhörnli

squirrel

dr Igel

hedgehog

dr Haas

hare

d Üle

owl

d Vogu

bird

dr Schwan

swan

s Wildschwein

boar

dr Hirsch

deer

dr Elch

moose

dr Damm

dam

d Windturbine

wind turbine

dr Sunnekollektor

solar panel

s Klima

climate

d Landschaft - landscape

dr Chällner
waiter

d Spiischartä
menu

dr Stuehl
chair

d Suppä
soup

d Pizza
pizza

d Tischdecki
tablecloth

s Bsteck
cutlery

d Vorspiies

starter

s Hauptgricht

main course

s Dessert

dessert

s Getränk

drinks

d Läbensmittel

food

d Fläsche

bottle

s Fast Food

fast food

s Street Food

street food

d Teechanne

teapot

d Zuckerdosä

sugar bowl

d Portion

portion

d Espressomaschine

espresso machine

dr Hochstuehl

high chair

d Rächnig

bill

s Tablett

tray

s Mässer

knife

d Gable

fork

dr Löffel

spoon

dr Teelöffel

teaspoon

d Serviette

serviette

s Glas

glass

dr Täller

plate

dr Suppetällär

soup plate

d Untertasse

saucer

d Sose

sauce

dr Salzstreuer

salt shaker

d Pfäffermühli

pepper mill

dr Essig

vinegar

s Öl

oil

d Gwürz

spices

ds Ketchup

ketchup

dr Sänf

mustard

d Mayonnaise

mayonnaise

s Ahgebot
special offer

dr Chund
customer

d Milchprodukt
dairy products

d Frücht
fruit

dr lichaufswage
shopping cart

dr Schlachter
butcher's shop

dr Beck
bakery

wiege
weigh

s Gmües
vegetables

s Fleisch
meat

d Tiefkühlprodukt
frozen food

dr Ufschnitt

cold cuts

d Konsärve

canned food

s Wöschmittel

detergent

d Süessigkeite

candy

d Huushaltartikel

household products

s Putzmittel

cleaning products

d Verchäuferin

sales representative

d Kassä

cash register

dr Kassierer

cashier

d Ihchaufsliste

shopping list

d Öffnigszite

opening hours

s Portemonnaie

wallet

d Kreditkarte

credit card

d Täsche

bag

dr Plastiksack

plastic bag

s Getränk
drinks

s Wasser

water

dr Saft

juice

d Milch

milk

d Cola

coke

dr Wii

wine

s Bier

beer

dr Alkohol

alcohol

s Ovi

cocoa

dr Tee

tea

dr Kafi

coffee

dr Espresso

espresso

dr Cappuccino

cappuccino

d Banane

banana

dr Öpfel

apple

d Orange

orange

d Melone

melon

d Zitrone

lemon

s Rüebli

carrot

dr chnoobli

garlic

dr Bambus

bamboo

d Zwiblä

onion

dr Pilz

mushroom

d Nüss

nuts

d Nudle

noodles

d Spaghetti

spaghetti

dr Riis

rice

dr Salat

salad

d Pommfrit

fries

d Bratherdöpfel

fried potatoes

d Pizza

pizza

dr Hamburgär

hamburger

s Sandwich

sandwich

s Gotlett

escalope

dr Schinkä

ham

d Salami

salami

s Würschtli

sausage

s Huehn

chicken

dr Bratä

roast

dr Fisch

fish

d Läbensmittel - food

d Haferflocke

porridge oats

s Müesli

muesli

d Cornflakes

cornflakes

s Mähl

flour

s Gipfeli

croissant

s Brötli

bread roll

s Brot

bread

dr Toscht

toast

s Guetzli

cookies

d Butter

butter

dr Quark

curd

dr Chueche

cake

s Ei

egg

s Spiegelei

fried egg

dr Chäs

cheese

d Glace

ice cream

dr Zucker

sugar

dr Honig

honey

d Gonfi

jelly

d Nougat-Creme

nougat cream

s Curry

curry

s Buurehuus
farm house

d Schüür
barn

dr Strohballä
straw bale

s Fäld
field

s Pferd
horse

dr Ahänger
trailer

s Fohle
foal

dr Traktor
tractor

dr Esel
donkey

s Lamm
lamb

s Schaaf
sheep

d Geiss
goat

d Chueh
cow

s Chalb
calf

d Sau
pig

s Ferkel
piglet

s Rind
bull

d Gans

goose

d Änte

duck

s Küke

chick

s Huähn

hen

dr Güggel

cockerel

d Ratte

rat

d Chatz

cat

d Muus

mouse

dr Ochse

ox

dr Hund

dog

d Hundehütte

dog house

dr Garteschluuch

garden hose

d Giesschanne

watering can

d Sägese

scythe

dr Pflueg

plow

d Sichel
sickle

d Hacke
hoe

d Heugable
pitchfork

d Axt
axe

d Garette
pushcart

dr Trog
trough

d Milchchanne
milk can

dr Sack
sack

dr Haag
fence

dr Gadä
stable

s Gwächshuus
greenhouse

dr Bode
soil

dr Soome
seed

dr Dünger
fertilizer

dr Mähdrescher
combine harvester

ärnte

harvest

d Ärnte

harvest

d Yamswurzle

yams

dr Weize

wheat

s Soja

soya

dr Härdöpfel

potato

dr Mais

corn

dr Raps

rapeseed

dr Obstbaum

fruit tree

dr Maniok

manioc

s Getreide

grain

s Chämi
chimney

s Dach
roof

d Rägerinne
downspout

s Fänschter
window

d Garage
garage

d Lüüti
doorbell

d Tür
door

d Mülltonne
trash can

dr Briefchaschte
mailbox

dr Gartä
garden

s Stubä

living room

s Badzimmer

bathroom

d Chuchi

kitchen

s Schlofzimmer

bedroom

s Chinderzimmer

kids room

s Ässzimmer

dining room

dr Bodä

floor

d Wand

wall

d Decki

ceiling

dr Chäller

cellar

d Sauna

sauna

dr Balkon

balcony

d Terasse

terrace

s Pool

pool

dr Rasemäier

lawn mower

dr Bettbezug

sheet

d Bettdecki

bedspread

s Bett

bed

dr Bäse

broom

dr Chübel

bucket

dr Schalter

switch

s Huus - house

d Tapete
wallpaper

s Bild
picture

d Lampä
lamp

s Regal
shelf

dr Schrank
cabinet

dr Kamin
fireplace

dr Färnseh
television

d Bluamä
flower

s Chüssi
cushion

s Sofa
sofa

d Vasä
vase

d Färnbedienig
remote control

dr Teppich
carpet

dr Vorhang
drape

dr Tisch
table

dr Stuehl
chair

dr Schaukelstuehl
rocking chair

dr Sässel
armchair

s Buech

book

d Decki

blanket

d Dekoration

decoration

s Füürholz

firewood

dr Film

film

d Stereoahlag

stereo system

dr Schlüssel

key

d Ziitig

newspaper

s Bild

painting

s Poster

poster

s Radio

radio

dr Notizblock

notebook

dr Staubsuuger

vacuum cleaner

dr Kaktus

cactus

d Chärze

candle

dr Chüelschrank
fridge

d Mikrowällä
microwave oven

d Chuchiwaag
kitchen scales

dr Toaster
toaster

s Wöschmittel
laundry detergent

dr Ofä
stove

s Gfrierfach
freezer

d Mülltonne
trash can

dr Gschirrspüeler
dishwasher

dr Härd

cooker

dr Topf

pot

dr Iisetopf

cast-iron pot

dr Wok / Kadai

wok / kadai

d Pfanne

pan

dr Wasserchocher

kottlc

dr Dampfer

steamer

s Bachbläch

baking tray

s Gschirr

crockery

dr Bächer

mug

d Schale

bowl

d Stäbli

chopsticks

d Suppechellä

ladle

dr Pfannewänder

spatula

dr Schneebäse

whisk

s Sieb

strainer

s Sieb

sieve

d Raffle

grater

dr Mörser

mortar

dr Grill

barbecue

d Füürstell

fireplace

d Chuchi - kitchen

s Schniidbrätt

chopping board

s Nudelholz

rolling pin

dr Korkäzieher

corkscrew

d Dosä

can

dr Dosäöffner

can opener

dr Topflappä

oven cloth

s Wöschbecki

sink

d Bürste

brush

dr Schwumm

sponge

dr Mixer

blender

dr Gfrierschrank

deep freezer

s Babyfläschli

baby bottle

dr Hahnä

tap

d Heizig
heating

s Handtuech
towel

d Duschi
shower

dr Duschvorhang
shower curtain

s Schumbad
bubble bath

d Badwanne
bathtub

s Glas
glass

d Wöschmaschine
washing machine

dr Hahnä
tap

d Fliesä
tiles

s Töpfli
potty

s Wöschbecki
sink

d Toilette

toilet

s Plumpsklo

squat toilet

s Bidet

bidet

s Pissoir

urinal

ds Toilettepapier

toilet paper

d Toilettebürschteli

toilet brush

d Zahbürstä

toothbrush

d Zahpasta

toothpaste

d Zahnsiide

dental floss

wäsche

wash

d Handduschi

hand shower

d Intiimduschi

douche

s Wöschbecki

basin

d Ruggäbürste

back brush

d Seifä

soap

s Duschgel

shower gel

s Shampoo

shampoo

dr Waschlappä

flannel

dr Abfluss

drain

d Creme

creme

s Deo

deodorant

dr Spiegel

mirror

dr Handspiegel

hand mirror

dr Rasierer

razor

dr Rasierschuum

shaving foam

s Aftershave

aftershave

dr Schträäl

comb

d Bürstä

brush

dr Föhn

hair-dryer

s Hoorspray

hairspray

s Makeup

makeup

dr Lippestift

lipstick

dr Nagellack

nail varnish

d Wattä

cotton wool

d Nagelscher

nail scissors

s Parfum

perfume

s Badzimmer - bathroom

s Necessaire

washbag

dr Schemel

stool

d Waag

weighing scales

dr Badmantel

bathrobe

dr Gummihändscheh

rubber gloves

s Tampon

tampon

d Damebinde

sanitary towel

d chemischi Toilette

chemical toilet

dr Wecker
alarm clock

s Kuscheltier
cuddly toy

s Spielzügauto
toy car

d Rassle
rattle

s Puppehuus
doll's house

s Gschänk
present

dr Ballon

balloon

s Bett

bed

dr Chinderwage

stroller

s Chartespiel

deck of cards

s Puzzle

jigsaw

dr Comic

comic

d Legos

lego bricks

d Baustei

toy blocks

d Action Figur

action figure

s Strampli

romper suit

s Frisbee

frisbee

s Mobile

mobile

s Brättspiel

board game

dr Würfäl

dice

d Modellisebahn

model train set

dr Nuggi

pacifier

d Party

party

s Bilderbuch

picture book

dr Ball

ball

d Puppä

doll

spiele

play

dr Sandchaschte

sandpit

d Gigampfi

swing

s Spielzüg

toys

d Videospielkonsole

video game console

s Dreirad

tricycle

dr Teddy

teddy bear

dr Chleiderschrank

wardrobe

d Chleidig

clothing

d Sockä

socks

d Strümpf

stockings

d Strumpfhosä

tights

dr Schal
scarf

dr Rägeschirm
umbrella

s T-Shirt
t-shirt

dr Gürtel
belt

dr Stiefel
boots

d Badschlappe
slippers

d Turnschueh
sneakers

d Sandalä
·············
sandals

d Schueh
·············
shoes

d Gummistiefel
·············
rubber boots

d Untrhosä
·············
underwear

dr BH
·············
bra

s Underlibli
·············
undershirt

dr Body

body

d Hosä

pants

d Jeans

jeans

dr Rock

skirt

d Bluse

blouse

s Hömli

shirt

dr Pulli

pullover

dr Kapuzepulli

sweater

dr Blazer

blazer

d Jacke

jacket

dr Mantel

coat

dr Rägämantel

raincoat

s Chostüm

costume

s Chleid

dress

s Hochziitskleid

wedding dress

d Chleidig - clothing

dr Ahzug

suit

s Nachthömli

nightgown

s Pyjama

pajamas

dr Sari

sari

s Chopftuäch

headscarf

dr Turban

turban

d Burka

burka

dr Kaftan

kaftan

d Abaya

abaya

s Badchleid

swimsuit

d Badhose

trunks

d churzi Hosä

shorts

dr Trainer

tracksuit

d Schürze

apron

d Händsche

gloves

dr Chnopf

button

d Brüllä

glasses

s Armband

bracelet

d Chetti

necklace

dr Ring

ring

dr Ohrering

earring

d Chappe

cap

dr Chleiderbügel

coat hanger

dr Huet

hat

d Grawattä

tie

dr Riissverschluss

zip

dr Helm

helmet

dr Hosäträger

braces

d Schueluniform

school uniform

d Uniform

uniform

s Lätzli

bib

dr Nuggi

pacifier

d Windle

diaper

dr Server
server

dr Akteschrank
filing cabinet

dr Drucker
printer

dr Monitor
monitor

s Papier
paper

dr Schribtisch
desk

d Muus
mouse

dr Ordner
folder

d Taschtatur
keyboard

dr Papierchorb
waste-paper basket

dr Computer
computer

dr Stuehl
chair

dr Kafibächer

coffee mug

dr Tascherächner

calculator

s Internet

internct

dr Laptop

laptop

dr Brief

letter

d Nochricht

message

s Mobiltelefon

cell phone

s Netzwärk

network

dr Kopierer

photocopier

d Software

software

s Telefon

telephone

d Steckdosä

plug socket

s Fax

fax machine

s Formular

form

s Dokumänt

document

chaufe

buy

zahle

pay

handle

trade

s Gäld

money

dr Dollar

dollar

dr Euro

euro

dr Yen

yen

dr Rubel

rouble

dr Frankä

Swiss franc

dr Renminbi Yuan

renminbi yuan

d Rupie

rupee

dr Gäldautomat

cash point

d Wächselstube

currency exchange office

s Gold

gold

s Silber

silver

s Öl

oil

d Energie

energy

dr Preis

price

dr Vertrag

contract

d Stüür

tax

d Aktie

stock

schaffe

work

dr Mitarbeiter

employee

dr Arbeitgeber

employer

d Fabrik

factory

s Gschäft

shop

dr Polizischt
police officer

dr Füürwehrmaa
fireman

dr Choch
cook

dr Arzt
doctor

dr Pilot
pilot

dr Gärtner

gardener

dr Zimmermah

carpenter

d Näheri

seamstress

dr Richter

judge

dr Chemiker

chemist

dr Darsteller

actor

dr Busfahrer

bus driver

dr Taxifahrer

taxi driver

dr Fischer

fisherman

d Putzfrau

cleaning lady

dr Dachdecker

roofer

dr Chällner

waiter

dr Jäger

hunter

dr Moler

painter

dr Bäcker

baker

dr Elektriker

electrician

dr Bauarbeiter

builder

dr Ingenieur

engineer

dr Schlachter

butcher

dr Klämpner

plumber

dr Pöschtler

postman

dr Soldat

soldier

dr Architekt

architect

dr Kassierer

cashier

dr Florischt

florist

dr Frisör

hairdresser

dr Kontrolleur

conductor

dr Mechaniker

mechanic

dr Kapitän

captain

dr Zahnarzt

dentist

dr Wüsseschaftler

scientist

dr Rabbi

rabbi

dr Imam

imam

dr Mönch

monk

dr Pfarrer

pastor

dr Hammer
hammer

d Zangä
pliers

dr Schruubedreier
screwdriver

dr Schrubeschlüssel
wrench

d Taschelampä
torch

dr Bagger

excavator

dr Werkzüügchaschte

toolbox

dr Leitere

ladder

d Sagi

saw

d Negel

nails

dr Bohrer

drill

flicke

repair

d Schufle

shovel

Mischt!

Damn!

d Ascheschufle

dustpan

dr Farbchübel

paint can

d Schruube

screws

d Musiginstrumänt
musical instruments

s Schlagzüüg
drum set

dr Luutsprächer
loud speaker

d Gitarre
guitar

dr Kontrabass
double bass

d Trompetä
trumpet

s Klavier

piano

d Violine

violin

dr Bass

bass

d Pauke

timpani

d Trummle

drums

s Keyboard

keyboard

s Saxophon

saxophone

d Flöte

flute

s Mikrofon

microphone

dr ligang
entrance

dr Tiger
tiger

dr Chäfig
cage

s Zebra
zebra

s Tierfueter
animal feed

dr Pandabär
panda

d Tier

animals

dr Elefant

elephant

s Känguru

kangaroo

s Nashorn

rhino

dr Gorilla

gorilla

dr Bär

bear

s Kamel

camel

dr Struss

ostrich

dr Leu

lion

dr Aff

monkey

dr Flamingo

flamingo

dr Papagei

parrot

dr Iisbär

polar bear

dr Pinguin

penguin

dr Hai

shark

dr Pfau

peacock

d Schlangä

snake

s Krokodil

crocodile

dr Zoowärter

zookeeper

d Robbä

seal

dr Jaguar

jaguar

s Pony

pony

dr Leopard

leopard

s Nilpfärd

hippo

d Giraff

giraffe

dr Adler

eagle

s Wildschwein

boar

dr Fisch

fish

d Schildkrot

turtle

s Walross

walrus

dr Fuchs

fox

d Gazelle

gazelle

s American Football
American football

s Velofahre
cycling

s Tennis
tennis

dr Basketball
basketball

s Schwümmä
swimming

s lishockey
ice hockey

s Boxä
boxing

dr Fuessball
soccer

s Badminton
badminton

d Liechtathletik
athletics

dr Handball
handball

s Skifahre
skiing

s Polo
polo

lachä
laugh

springä
jump

umarme
hug

gah
walk

singe
sing

troime
dream

bätte
pray

küssä
kiss

schribe
write

zeichne
draw

zeige
show

schiebe
push

gäh
give

näh
take

händ

have

mache

do

sy

be

stah

stand

laufe

run

zieh

pull

rüerä

throw

fallä

fall

ligge

lie

warte

wait

träge

carry

sitze

sit

ahzieh

get dressed

schlafe

sleep

ufwache

wake up

ahluege

look at

brüele

cry

striichle

stroke

bürste

comb

redä

talk

verschtah

understand

froog

ask

lose

listen

trinke

drink

ässe

eat

ufruume

tidy up

liebe

love

chochä

cook

fahre

drive

flüge

fly

d Aktivitäte - activities

segle

sail

rächne

calculate

läse

read

leerä

learn

schaffe

work

hürate

marry

näije

sew

Zäh putze

brush teeth

töte

kill

schlootä

smoke

sände

send

Grossmuetter
ndmother

dr Grossvater
grandfather

dr Vatter
father

d Muetter
mother

s Baby
baby

d Tochter
daughter

dr Sohn
son

dr Gast

guest

d Tante

aunt

dr Unkel

uncle

dr Brüeder

brother

d Schwöschter

sister

dr Körpär

body

d Stirn
forehead

ds Aug
eye

s Gsicht
face

s Chüni
chin

d Bruscht
breast

d Schultere
shoulder

dr Fingär
finger

d Hand
hand

s Bei
leg

dr Arm
arm

s Baby

baby

dr Mah

man

d Frau

woman

s Meitli

girl

dr Bueb

boy

dr Chopf

head

dr Ruggä

back

dr Buuch

belly

dr Buchnabel

navel

dr Zäche

toe

d Fersä

heel

d Knoche

bone

d Hüfte

hip

s Chnü

knee

dr Ellbogä

elbow

d Nase

nose

s Füdli

buttocks

d Hut

skin

d Bagge

cheek

s Ohr

ear

d Lippe

lip

dr Körpär - body

s Muul

mouth

dr Zah

tooth

d Zungä

tongue

s Hirni

brain

s Härz

heart

dr Muskel

muscle

d Lungä

lung

d Läberä

liver

dr Magen

stomach

d Nierä

kidneys

dr Gschlächtsvrkehr

sex

s Kondom

condom

d Eizälle

ovum

dr Soome

semen

d Schwangerschaft

pregnancy

dr Körpär - body

d Menstruation

menstruation

d Vagina

vagina

dr Penis

penis

d Augebrauä

eyebrow

s Haar

hair

dr Hals

neck

s Spital
hospital

dr Chrankewage
ambulance

dr Rollstuehl
wheelchair

dr Bruch
fracture

dr Arzt

doctor

d Notufnahm

emergency room

d Chrankeschwöschter

nurse

dr Notfall

emergency

ohnmächtig

unconscious

dr Schmärz

pain

d Verletzig

injury

d Bluätig

bleeding

dr Härzinfarkt

heart attack

dr Schlagahfall

stroke

d Allergie

allergy

dr Hueschtä

cough

s Fieber

fever

d Grippe

flu

dr Durchfall

diarrhea

d Kopfschmärze

headache

dr Kräbs

cancer

dr Diabetes

diabetes

dr Chirurg

surgeon

s Skalpell

scalpel

d Operation

operation

s Spital - hospital

73

s CT

CT

s Röntgä

x-ray

s Ultraschall

ultrasound

d Gsichtsmaske

face mask

d Krankhet

disease

s Wartezimmer

waiting room

d Krückä

crutch

s Pflaster

plaster

dr Vrband

bandage

d Injektion

injection

s Stethoskop

stethoscope

d Trage

stretcher

s Thermometer

clinical thermometer

d Geburt

birth

s Übergwicht

overweight

s Hörgrät

hearing aid

s Desinfektionsmittel

disinfectant

d Infektion

infection

s Virus

virus

s HIV / AIDS

HIV / AIDS

d Medizin

medicine

d Impfig

vaccination

d Tablette

tablets

d Pille

pill

dr Notruef

emergency call

s Bluetdruck-Mässgrät

blood pressure monitor

chrank / gsund

ill / healthy

Hiufe!

Help!

dr Alarm

alarm

dr Überfall

assault

dr Ahgriff

attack

d Gfohr

danger

dr Notuusgang

emergency exit

Füür!

Fire!

dr Füürlöscher

fire extinguisher

dr Unfall

accident

dr Ersti-Hilf-Koffer

first-aid kit

SOS

SOS

d Polizei

police

s Europa

Europe

s Nordamerika

North America

s Südamerika

South America

s Afrika

Africa

s Asie

Asia

s Auschtralie

Australia

dr Atlantik

Atlantic

dr Pazifik

Pacific

dr Indische Ozean

Indian Ocean

dr Antarktische Ozean

Antarctic Ocean

dr Arktische Ozean

Arctic Ocean

dr Nordpol

North pole

dr Südpol

South pole

d Antarktis

Antarctica

d Ärde

earth

s Land

land

s Meer

sea

d Inslä

island

d Nation

nation

dr Staat

state

s Ziffereblatt

clock face

dr Stundezeiger

hour hand

dr Minutezeiger

minute hand

dr Sekundezeiger

second hand

Wie spaht isch es?

What time is it?

dr Tag

day

d Zit

time

jetzt

now

d Digitaluhr

digital watch

d Minute

minute

d Stunde

hour

dr Mäntig
Monday

dr Mittwuch
Wednesday

dr Friitig
Friday

dr Samschtig
Saturday

dr Zischtig
Tuesday

dr Dunnstig
Thursday

dr Sunntig
Sunday

geschter

yesterday

hüt

today

morn

tomorrow

dr Morgä

morning

dr Mittag

noon

dr Aabig

evening

d Wärktag

workdays

s Wuchenänd

weekend

dr Räge
rain

dr Rägeboge
rainbow

dr Schnee
snow

dr Wind
wind

dr Früelig
spring

dr Herbscht
fall

dr Summer
summer

dr Winter
winter

4.APRIL	11°
5.APRIL	4°
6.APRIL	13°
7.APRIL	8°
8.APRIL	10°

d Wättervorhärsag
weather forecast

s Thermometer
thermometer

dr Sunneschiin
sunshine

d Wolkä
cloud

d Näbel
fog

d Fiechtigkeit
humidity

dr Blitz

lightning

dr Dunner

thunder

dr Sturm

storm

d Hagel

hail

dr Monsun

monsoon

d Fluet

flood

s Iis

ice

dr Januar

January

dr Februar

February

dr März

March

dr April

April

dr Mai

May

dr Juni

June

dr Juli

July

dr Auguscht

August

dr Septämber
....
September

dr Oktober
....
October

dr Novämber
....
November

dr Dezämber
....
December

dr Kreis
....
circle

s Quadrat
....
square

s Rächteck
....
rectangle

s Dreieck
....
triangle

d Chugele
....
sphere

dr Würfel
....
cube

wiss

white

gäl

yellow

orange

orange

pink

pink

rot

red

liila

purple

blau

blue

grüen

green

bruun

brown

grau

gray

schwarz

black

viel / wenig

a lot / a little

hässig / ruhig

angry / calm

hübsch / hässlich

beautiful / ugly

dr Ahfang / s Ändi

beginning / end

gross / chli

big / small

hell / dunkel

bright / dark

Brüeder / d Schwöschter

brother / sister

suuber / dräckig

clean / dirty

vollständig / unvollständig

complete / incomplete

dr Tag / d Nacht

day / night

tot / läbig

dead / alive

breit / schmal

wide / narrow

ässbar / nid ässbar

edible / inedible

bös / fründlich

evil / kind

uffreggt / glangwilt

excited / bored

dick / dünn

fat / thin

zerscht / zletscht

first / last

dr Fründ / dr Find

friend / enemy

voll / läär

full / empty

hart / weich

hard / soft

schwer / liecht

heavy / light

dr Hunger / dr Durscht

hunger / thirst

chrank / gsund

ill / healthy

illegal / legal

illegal / legal

intelligänt / gatz

intelligent / stupid

links / rächts

left / right

nöch / wiit weg

near / far

neu / bruucht

new / used

nüt / öpis

nothing / something

alt / jung

old / young

ah / uss

on / off

offe / zue

open / closed

lislig / luut

quiet / loud

riich / arm

rich / poor

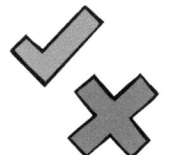

richtig / falsch

right / wrong

rau / glatt

rough / smooth

truurig / glücklich

sad / happy

churz / lang

short / long

langsam / schnäll

slow / fast

nass / trochä

wet / dry

warm / chalt

warm / cool

dr Chrieg / dr Friede

war / peace

d Gägeteil - opposites

0

Null

zero

1

eis

one

2

zwei

two

3

drü

three

4

vier

four

5

foif

five

6

sächs

six

7

sibe

seven

8

acht

eight

9

nün

nine

10

zäh

ten

11

elf

eleven

12

zwölf
twelve

13

drizäh
thirteen

14

vierzäh
fourteen

15

füfzäh
fifteen

16

sächzäh
sixteen

17

siebzäh
seventeen

18

achtzäh
eighteen

19

nünzäh
nineteen

20

zwänzg
twenty

100

Hundert
hundred

1.000

Tuusig
thousand

1.000.000

Million
million

d Sprache
languages

Änglisch

English

Amerikanischs Änglisch

American English

Chinesisch Mandarin

Chinese Mandarin

Hindi

Hindi

Spanisch

Spanish

Französisch

French

Arabisch

Arabic

Russisch

Russian

Portugiesisch

Portuguese

Bengalisch

Bengali

Dütsch

German

Japanisch

Japanese

ich

I

du

you

är / sie / es

he / she / it

mir

we

ihr

you

sie

they

wär?

who?

was?

what?

wie?

how?

wo?

where?

wänn?

when?

Name

name

hinder

behind

in

in

vor

in front of

über

over

uf

on

under

under

näbe

beside

zwüsche

between

dr Ort

place